Le féminisme

« Comprendre/essai graphique »
une collection dirigée par Luis de Miranda
Max Milo Éditions, Paris, 2012
www.maxmilo.com
ISBN 978-2-315-00356-3

Marie-Hélène Bourcier
Alice Moliner

Le féminisme

En voiture, Simone,
c'est nous kon klaxonne !

1
Qui sont-elles ? Le « nous » du féminisme

« Ne me libère pas, je m'en charge ! »
SLOGAN FÉMINISTE

QU'EST-CE QUE LE FÉMINISME ? Vaste question à laquelle on répond souvent par une batterie de dates ou une histoire controversée. Le parti pris pour ce tour de piste en cent pages est différent. Comprendre le féminisme, c'est aussi s'intéresser aux problèmes qu'il pose et se pose. À sa boîte à outils, à ses mutations et à ses contradictions, à ses limites et à ses ressources, aux objectifs d'une révolution politique et culturelle majeure en marche depuis le XIXe siècle. À sa manière de faire du sujet, de la politique, de la culture, de l'art, du cinéma, des médias, de fabriquer de la féminité et de la masculinité. De changer le sexe et le rapport au savoir. De s'embourgeoiser, de s'assagir ou de faire peur. D'avoir changé la vie de milliers de femmes et échoué à en convaincre beaucoup d'autres. D'être divisé.

On ne naît pas féministe, on le devient. Ce petit livre s'intéresse à celles qui le sont devenues sans privilégier les plus connues. Comprendre le féminisme, c'est être dedans, dans ses courants, ses scénarios, ses débats. Et pour commencer, si on se posait une question différente que celle de la définition du féminisme à savoir : qui fait quoi aujourd'hui ? Qui sont les féministes ?

Mais c'est une évidence ! Les féministes sont des femmes qui luttent pour d'autres femmes et s'identifient à toutes celles qui subissent l'oppression patriarcale ou la domination masculine. Et pourtant ce « nous » féministe est loin d'aller de soi. Sa composition, ses prétentions à représenter les femmes de façon totalisante, autant de sujets qui fâchent et qui sont au cœur des débats du féminisme contemporain. C'est même LA question que pose le féminisme de la troisième vague (dans les années quatre-vingt-dix) aux féminismes de la première

VOTES FOR WOMEN
LES TROIS VAGUES DU FÉMINISME

et de la deuxième vagues (les suffragettes au XIXe siècle et le **MLF** des années soixante-dix).

Comment « déshomogénéiser » ce « nous » féministe qui s'est révélé excluant ?

À défaut de les inclure politiquement, les féministes blanches occidentales ont dû écouter les féministes noires qui se manifestèrent dès les années soixante-dix aux États-Unis. Sans parler des féministes *chicanas* et de bien d'autres qui tapèrent du poing sur la table. Leur féminisme prenait en compte la spécificité de leur oppression. Il soulignait aussi le fait que les féministes « classes moyennes plutôt blanches », puissent y participer, voire la renforcer. De fait, les oppressions liées à la race, à la classe, à l'âge, à la capacité, au genre et à la sexualité sont imbriquées (ce que l'on appelle « l'intersectionnalité »). Il est donc abusif de les hiérarchiser en les faisant découler de l'oppression patriarcale, comme si celle-ci était matricielle ou transhistorique. Comme si les autres venaient après, comme si elles étaient moins importantes.

Utiliser l'esclavage comme une métaphore de l'oppression des femmes, par exemple, est une

habitude eurocentrique et raciste, tenace dans le féminisme blanc. Comme cette façon de ramener le racisme dans les débats sur l'inégalité homme/femme dans la France d'aujourd'hui pour insinuer qu'il serait plus indiscutable, plus facile à dénoncer ou encore… plus « visible ». Le racisme : chouchou des discriminations ? Mieux compris ou moins toléré que le sexisme ? En cette époque dite « postcoloniale » et très post-11 septembre, la question n'est-elle pas plutôt de se demander comment le féminisme doit éviter de rejouer la carte colonialiste du sauvetage de la femme voilée des mains de son mari violent, violeur et arabe ? De ne pas effacer les féministes musulmanes et islamiques dont on commence seulement à reconnaître l'existence et à admettre que ni la modernité, ni le féminisme ne sont l'exclusivité du monde occidental ?

On l'aura compris, l'enjeu actuel du féminisme est de réduire ses effets excluants. Certaines s'offusquent de cette critique et se réfugient dans les bons sentiments féministes. Et pourtant, le féminisme est assez grand pour admettre qu'il doit conjurer son eurocentrisme et son point de vue de classe. À ne pas le faire, il risque de figer et de promouvoir une vision de la femme éthérée et essentialisée, qui le coupe, volontairement ou non, des femmes dans leur diversité et leur complexité. D'autant qu'il a également bien du mal à rompre avec sa vision hétérocentrique, alors que ses chevilles ouvrières furent bien souvent les lesbiennes féministes. Moins directement concernées par les luttes pour l'avortement ou pour la pilule, elles ne ménagèrent pourtant pas leur peine dès les années soixante-dix. Mais de reconnaissance politique : point. Comme elles se sont senties à l'étroit dans un féminisme identifié « femme », qui ne correspondait guère à leur expression de genre masculine (avec les lesbiennes *butch*[1]), ou empruntait à d'autres registres de la féminité ! Loin de représenter des revendications minoritaires éclatées, le féminisme lesbien, les lesbiennes féministes, les transsexuel(le)s ou les personnes transgenres féministes, et le féminisme *queer* nous montrent à quel point le féminisme est dépendant de sa définition de la femme et de la féminité ainsi que de sa conception de la « différence sexuelle ».

----

1. « Autonomination » pour les lesbiennes présentant une expression de genre masculine assumée comme telle. Le terme peut également désigner des formes de masculinité gay.

LA
FEMME

Quel est donc ce standard de la différence sexuelle qui nous est constamment rappelé par la signalétique des portes des toilettes ? Deux portes, deux sexes, deux genres. Pourquoi est-il au fondement de tout scénario féministe ? Résumons. Pour l'homme comme pour la femme, il existerait une continuité infaillible entre leur sexe biologique et leur genre. Un sexe féminin, des parties génitales féminines feraient que l'on « développe » un genre féminin. *Idem* pour les garçons. L'existence de femmes et de féminités masculines (sportive, garçonne, *butch*, *drag king*, etc.), de masculinités féminines (folle, drag-queen, etc.) prouve pourtant que les relations causale entre sexe et genre (le premier causerait le second) ou d'expression (le genre exprimant le sexe) n'ont aucun fondement biologique ou naturel. Et l'hypothèse de la bisexualité psychique freudienne ou de l'existence d'un « troisième genre », comme on disait au XIXe siècle, ne changent rien à l'affaire. Pas plus que le marronnier journalistique sur « la confusion des genres ».

Le rapport avec le féminisme et son « nous » ? Le type de modèle **sexe/genre** qu'il entérine et qui va déterminer sa politique. Le type de féminité et de masculinité qu'il défend ou autorise. Le type de sujet féministe qu'il adoube.

Le féminisme peut jouer le rôle de gardien du musée de la différence sexuelle. Il peut aussi prendre en compte l'existence d'une multiplicité de genres. Il peut tirer profit des apports des subcultures gay, lesbienne, trans, *queer*, etc., vu qu'elles proposent des genres et des rôles différents, susceptibles d'intéresser tous celles et ceux qui ne veulent pas se conformer aux normes de genre culturellement imposées. Certaines de ces normes sont celles-là mêmes qui ont corseté des générations entières de femmes à qui l'on a distribué le manuel de la féminité « naturelle ». Mais si la féminité n'est plus le domaine réservé des femmes, biologiquement définies, si elle est une construction culturelle, si elle est mobile, alors non seulement la féminité naturelle ou originaire est un mythe, mais la production de féminités différentes est possible. Il en va de même pour la production et la transformation des masculinités. Et la transformation de la masculinité n'est-elle pas un objectif féministe ?

Cette prolifération de féminités (féminités masculines comprises) prolonge l'une des plus anciennes fonctions du féminisme : révéler le caractère purement social et construit de la féminité imposée. Dire que la petite féminité modèle sert avant tout à confiner les femmes à des tâches ingrates ou barbantes, au nom d'une nature qui n'existe pas. L'assignation des rôles masculins et féminins sert justement à masquer à quel point la frontière entre masculin et féminin est poreuse, et c'est loin d'être une nouveauté. Les périodes de guerre montrent comment la société peut s'en accommoder et faire sauter l'interdiction faite aux femmes d'accéder à des activités dites « masculines », quand la patrie est en danger.

Pendant la seconde guerre mondiale, aux États-Unis comme ailleurs, on recrute les femmes à tour de bras dans l'industrie militaire pour qu'elles rivettent des obus. L'effort de guerre pousse les femmes hors de l'espace domestique et les fait sortir de leur rôle convenu. « *We can do it !* » proclame fièrement Rosie the Riveter en retroussant ses manches pour aller travailler à l'usine, sur une affiche de propagande américaine devenue assez célèbre pour devenir un magnet de frigidaire ou une effigie sur un cabas pour les courses. Le féminisme ne dit pas autre chose, en revendiquant pour les femmes l'accès à des professions ou des activités soi-disant masculines, de l'aviation au sport, en passant par la carrière politique,

WE CAN DO IT !

artistique ou intellectuelle. Rosie fait un bras d'honneur à « la condition féminine ».

Pas étonnant qu'elle soit devenue une icône féministe dont se souviennent Christine Aguilera et Pink. Les *skyboys* (les ouvriers riveteurs des gratte-ciel) ont dû compter avec les Rosies et pour longtemps. Quand les hommes rentrèrent du front, les femmes, qui avaient pris du biceps, goûté aux joies du travail rémunéré et à l'indépendance, n'eurent aucune envie de retourner à la maison et de remettre la robe de la femme au foyer. Le *New Look*, inventé dès 1947 par Christian Dior pour remédier au risque de masculinisation des femmes, en imposant le retour de la taille de guêpe et des petites épaules, est assez révélateur du type d'anxiété que suscite le libre exercice des genres par les femmes.

LE SCÉNARIO DE LA PROLIFÉRATION DES GENRES REDISTRIBUE LES CARTES. Il invite à une exploration personnelle et politique, à des expériences de subjectivation, à des remises en question qui ne sont pas sans rappeler le féminisme de la deuxième vague et qui concernent tout le monde. Avec la prise en compte d'une multiplicité d'expressions de genre et de sexualités, comme le fait le féminisme de la troisième vague, la vocation du féminisme est démultipliée. Le paradoxe est de taille : le sujet et l'horizon du féminisme ne sont plus « la femme », ils deviennent « les femmes », les féminités et les masculinités. Leurs définitions peuvent rester ouvertes, faisant de la femme et de la féminité des processus, des points d'arrivée plutôt que des points de départ figés. *Idem* pour l'homme et la masculinité. Dans cette configuration, le rapport du féminisme à LA femme, son « fondement évident », est plus complexe. Il se détache volontairement de toute réification de « la femme », de « la différence sexuelle », mais aussi d'une conception homogène et « naturelle » de la masculinité. Dans son clip intitulé *Raise Your Glass*, la chanteuse Pink allie *empowerment* (« chien » et puissance d'agir) et mix des genres, en réincarnant Rosie. Les boulons du genre ont sauté. Rosie le sait bien et vous ne lui ferez pas quitter sa chemise à carreaux pour un tailleur Chanel.

2
Mais qu'est-ce qu'elles veulent ?
Scénarios.

Fɪɴ ᴅᴜ XIXᵉ sɪèᴄʟᴇ, sᴏᴜs ʟᴇ ᴘᴀᴠé, ʟᴇ ꜰéᴍɪɴɪsᴍᴇ. ʟᴇ ꜰéᴍɪɴɪsᴍᴇ ᴅᴇᴠɪᴇɴᴛ ᴜɴᴇ ᴍᴏʙɪʟɪsᴀᴛɪᴏɴ ᴄᴏʟʟᴇᴄᴛɪᴠᴇ. La lutte pour la réduction des inégalités entre hommes et femmes passe à la vitesse supérieure et tombe dans l'espace public. Le féminisme est dans la rue. En Angleterre, les suffragettes organisent des manifestations et des actions de désobéissance civile qui n'ont rien à envier à Act Up. Arrestations volontaires, grèves de la faim, grèves de l'impôt, rien ne les arrête. Certaines y laisseront la vie. Au programme, l'accès à l'éducation, à la propriété puis le vote et l'emploi. Autant de droits refusés aux femmes par la Déclaration de 1789 qui en a fait des citoyens « passifs » dans le texte, au même titre que les enfants et les étrangers.

Dis-moi Emmeline on s'est pas trompées d'époque ?
ACT UP

Le féminisme des droits devient l'un des fils rouges du féminisme. C'est un **féminisme réformiste,** souvent **libéral,** voire individualiste. Ses demandes sont sectorielles et ne remettent pas en cause la société de manière systémique. Ce n'est pas le cas du Mouvement de libération des femmes (*Women's Lib* aux États-Unis, MLF en France), qui est la source et le produit d'un changement social majeur.

Mouvement social et politique, le Mouvement de libération des femmes des années soixante-dix fait partie des grandes mobilisations internationales des année soixante : le Mouvement des droits civiques aux États-Unis, le Mouvement pacifiste contre la guerre du Vietnam et les mouvements étudiants. Il est aussi né de la fâcheuse habitude de la gauche de marginaliser les femmes en les reléguant à des tâches politiques subalternes ou en remettant leurs revendications à plus tard. La révolution d'abord, le féminisme, on verra après. Oui, mais quand ?

LE MLF BRASSE DONC PLUS LARGE QUE LE FÉMINISME RÉFORMISTE. Il relaye en partie l'agenda des droits mais sans négliger un autre objectif tout aussi important : l'avènement de vies féminines différentes parce que féministes.

WOMEN'S LIBERATION IS THE REVOLUTION!!

Le mouvement s'est doté d'une technique de politisation précise avec le « *consciousness raising* » (la prise de conscience). On se retrouve dans des groupes de femmes pour mettre en pratique cette fameuse prise de conscience, pour traduire collectivement et politiquement l'expérience « personnelle » des femmes. D'autant qu'une fois que le déclic s'est opéré, c'est compliqué. Le monde ne sera jamais plus comme avant et pas forcément plus accueillant. Le *consciousness raising* est indissociable de cet autre slogan : « Le personnel, ou le privé, est politique ». C'est que le mariage, le travail domestique et la sexualité ne relèvent pas uniquement de la sphère privée. Ils ont partie liée avec des institutions et des formes d'organisation sociale qui alimentent l'oppression des femmes : l'État, la famille, la division du travail, le contrôle de la reproduction. Mais comment le comprendre en restant isolée et si l'on pense que ses problèmes sont personnels ou se résument à des conflits individuels ? Le féminisme a la réponse : en créant des liens de solidarité entre les femmes, en décryptant le caractère systémique de leur oppression et en s'organisant.

Le féminisme génère sa propre théorie, une analyse critique du patriarcat comme système, mais aussi des outils pour transformer la société et pouvoir y vivre en tant que féministe. Lancés à la fin des années soixante par des membres du *New York Radical Women*, les groupes de *consciousness raising* attirent plus de cent mille femmes dans les années soixante-dix, rien qu'aux États-Unis.

Autre grande nouveauté avec le féminisme de la deuxième vague : l'entrée en scène du corps féminin et de la sexualité. **On a tendance à l'oublier aujourd'hui mais le Mouvement des femmes fut aussi et surtout un mouvement de libération sexuelle.** Le corps et la sexualité ne furent pas simplement perçus comme des sources d'oppression. Ils ont été investis comme de formidables occasions d'autonomie, d'expérimentation et de libération. L'émancipation des femmes ne se résume donc pas à une croisade législative pour conquérir des droits relatifs au contrôle de la reproduction (avortement et contraception). Il faut que les femmes puissent sortir de leur aliénation sociale et culturelle : avoir honte d'avorter, de ne pas être mère, d'être célibataire, mais aussi d'aimer le sexe. Pour cela, elles doivent changer et en finir avec toute une série d'interdits intériorisés. Le féminisme est loin de se réduire à une critique négative et aux jérémiades

des « mal-baisées », comme disent ses opposants. Il milite aussi pour une féminité euphorique, qui ne soit plus passive dans tous les domaines. D'objet, la femme doit devenir sujet. Elle peut et doit accroître sa puissance d'agir (*empowerment*), y compris dans la sexualité. Comme le privé et la culture, le sexe est politique. **L'aventure du féminisme n'est rien de moins qu'une transformation sociale radicale, collective et subjective, qui dépasse largement le cadre des droits et de la revendication de l'égalité.**

Comme tout mouvement politique important des XIXe et XXe siècles, le féminisme a été marqué par les principaux courants de pensée qui les ont traversés. Il les a aussi adaptés, infléchis, critiqués. **Le féminisme radical** s'inspirera du marxisme tout en pointant ses limites. Le marxisme ne priorise-t-il pas la lutte des classes au détriment de la lutte de la classe des femmes contre la classe des hommes ? Pour **les féministes matérialistes,** l'utopie marxiste et la résolution dialectique du conflit qui oppose classe ouvrière et classe bourgeoise doivent être transposées au niveau des « classes de sexe » (la classe des hommes contre la classe des femmes), pour déboucher sur l'abolition de leur antagonisme. En France, l'accent portera plus sur la question du travail et du capitalisme aux dépens des relais culturels (haute et basse culture, culture populaire, pratiques de la vie quotidienne), moins délaissés dans les pays anglo-saxons. Le miracle marxiste ou féministe matérialiste n'ayant pas eu lieu, le féminisme matérialiste poursuivra sa critique du capitalisme, avec des variantes anarchistes ou séparatistes, dans le cadre d'organisations informelles autogérées.

Dans les années quatre-vingt-dix, **le poststructuralisme** vient renforcer les conceptions socio-constructivistes des genres (féminité et masculinité) en y ajoutant une forte dimension discursive : **les genres ne sont plus simplement des constructions sociales qui s'opposeraient au sexe biologique dit « naturel ». Les genres et les sexes deviennent des constructions discursives ou performatives abusivement naturalisées.** Pour les débusquer, il faut exposer leur fonctionnement. Pour les déborder, les mettre face à des pratiques de genres alternatives. Il ne suffit plus de dire que les genres sont construits. Il faut démontrer à quel point ces constructions ne sont pas en béton armé, en quoi elles sont faillibles.

De nouvelles formes d'action et de nouveaux paradigmes font leur apparition. **Quelle est la différence entre la féminité requise et celle d'une drag-queen ?** À question provocante, réponse désarmante que toute femme qui se prépare pendant des heures pour une soirée ou un mariage connaît par cœur : La hauteur de talon, soit une différence de degré et non de nature. Une affaire de rituel et de répétition. Les genres normatifs ont besoin de cette mise en scène pour exister et s'imposer. Nous passons notre temps à « performer » les genres comme il faut. Rien de naturel à ça. Ce n'est pas un hasard si le ***gender fucking***[2] des années quatre-vingt-dix vient tout droit de la théorie féministe lesbienne et se vit au même moment, au quotidien, dans les cultures gay, lesbienne et *queer*. Il ne s'agit plus d'intérioriser des normes de genre ni de s'y conformer par calcul ou pour survivre, mais de donner les clés de leur déconstruction. Instructif pour tous.

Le scénario de la prolifération des genres est différent du scénario **abolitionniste** du féminisme matérialiste et

---

2. Littéralement, la pratique qui consiste à « niquer » son genre.

du féminisme de l'égalité. Pour ces deux courants, la finalité est d'abolir les genres, qu'ils désignent les classes sexuées comme des formes d'exploitations capitalistiques ou des marques qui disparaîtront avec l'avènement de l'égalité réelle. Marxiste ou non, l'horizon abolitionniste est un classique de la tradition universaliste française, bien antérieur au féminisme du XIXe siècle. Côté face : des droits pour tous. On attend toujours et on sait bien que les femmes ne faisaient pas partie du programme de 1789, Constitution à l'appui. « Ça progresse », nous dit-on. « Ça viendra », renchérissent les adeptes de la politique de petits pas. « Assez joué les Pénélopes ! » disent d'autres. Attendre fait partie d'un jeu pipé d'avance. **Côté pile : la démocratie issue de la Révolution française carbure à l'exception. C'est dans son ADN. Universalisme rime avec « exceptionnalisme ».**

L'abolitionnisme est une forme d'imaginaire politico-sexuel qui échafaude par suppression plutôt que par accumulation. Mais la suppression du problème est-elle la solution ? À l'inverse, le scénario proliératif table sur une bousculade non hiérarchisée et non contrôlée entre des expressions de genre, dont certaines sont

ÉGALITÉ
HOMME FEMME

déjà là et d'autres à venir. Dans cette perspective, il ne s'agit pas d'éradiquer les genres mais de les transformer, d'ajouter plutôt que de soustraire. Alors, la guillotine ou la **gender revolution** ? Le **gender fuck** ou un monde neutre, si tant est que ce soit possible ? Le genre triste **ou l'extension du domaine du genre** ? La suppression du « 1 » et du « 2 » sur la carte vitale ? Oui, mais pour quoi faire ? « Pour revenir à zéro », disent les féministes de l'égalité. « Pour aller à "10" et plus si nécessaire car "1" et "2", c'est largement insuffisant », disent les féministes *queer*.

Critiqué pour son absence de prise en compte des réalités matérielles et économiques, le féminisme de la troisième vague, dont le féminisme *queer* est un rejeton, propose des scénarios qui misent plutôt sur **la résistance aux normes de genre et sur des micropolitiques que sur la seule dénonciation de l'oppression et de la domination masculine.** Il rejoint en cela la famille des féminismes affirmatifs et non victimisants. Ce changement de perspective n'est pas dû au hasard ou à une tendance à l'optimisme. Il est fonction d'une conception du pouvoir différente. Depuis l'époque moderne, le pouvoir ne s'exerce plus seulement à partir de sites institutionnels classiques tels que l'État, la loi, ni à partir d'un seul endroit, ni de manière verticale. Il s'exerce aussi au travers d'une myriade de pratiques, de savoirs et de significations. Il investit de plus en plus les corps et la vie (ce que l'on appelle « le biopolitique »). Du coup, les gisements de résistance doivent aussi se multiplier pour contrer non pas une oppression compacte mais un pouvoir décentralisé. Raison pour laquelle les études culturelles féministes accordent une attention toute particulière aux phénomènes de résistance corporelle et culturelle et vont les traquer dans les médias, l'art, l'histoire, la philosophie, la psychanalyse, la littérature, la culture populaire et les pratiques de la vie quotidienne.

L'idée d'une politique féministe articulée sur la prise en compte des différences fait son chemin dans les années quatre-vingt-dix. Sexuelles, ethniques, « géoculturelles », ces différences se situent à un niveau social et non psychologique ou biologisant. La politique des différences n'a rien à voir avec le féminisme différentialiste français, imbibé de psychanalyse freudienne et lacanienne, qui conclut à l'altérité radicale et ontologique de la femme et de la femme-mère. Ce courant a d'ailleurs refusé d'être identifié comme féministe en revendiquant la constitution d'une « science de la femme », « la féminologie », et il a entravé le projet féministe bien plus qu'il ne l'a servi. **La politique des différences pose un défi** à ce courant mais aussi **au féminisme universaliste et au féminisme de l'égalité,** tous deux rétifs à la prise en compte de différences uniquement perçues comme autant de particularismes menaçants.

3
Sexe, pornographie et prostitution

Sexe = pouvoir. La sexualité comme espace de pouvoir et de lutte est centrale dans le féminisme. On pourrait même dire que le féminisme invente la politique sexuelle en s'intéressant à la manière dont le sexe est traversé par des rapports de pouvoir et en essayant d'y remédier. Le féminisme a explosé la définition de la sexualité. Elle ne se résumera plus jamais à ce qui se passe dans la chambre à coucher ou à l'acte sexuel.

LE FÉMINISME DEVIENT UN MOUVEMENT DE LIBÉRATION SEXUELLE DANS LES ANNÉES SOIXANTE-DIX. La première vague a plutôt abordé la sexualité sous un angle moraliste et hygiéniste : elle n'est pas encore personnelle et politique. Si la sexualité cristallise l'oppression des femmes, elle doit faire l'objet d'une critique dans ses usages aliénants mais aussi d'une reconquête et d'une réappropriation. **Dans ce combat, le sexe est central. Il devient l'une des armes féministes par excellence** dans la contestation de la sexualité phallique et dans la recherche d'un vécu du corps différent. La critique et la dénonciation s'accompagnent d'une véritable ferveur sexuelle, exploratoire et ludique dont l'enjeu est la redécouverte de la sexualité et sa transformation. La critique du patriarcat génère une cartographie alternative du corps et des plaisirs féminins. Des ateliers sont dédiés à la pratique de la masturbation et à **la redécouverte du clitoris** pour contrer « la grande pénétration » et « **le mythe de l'orgasme vaginal** » ou pour valoriser **le point G (la « prostate féminine »)** comme corps caverneux féminin. La « dégénitalisation » de la sexualité doit permettre d'en finir avec le sexe purement coïtal, avec la reproduction sexuelle et ses liens avec le capitalisme. Le lesbianisme devient la pratique de la théorie féministe parce qu'il permet de s'évader de la culture hétérosexuelle et de se retrouver entre femmes. **À de rares exceptions près, cette politique des plaisirs, affirmative et créative, a peu à peu disparu du mouvement actuel**

JE NE SAIS PAS
DEMANDE A TON PÉRE
DIS MAMAN
C'EST QUOI
UN ORGASME ?

pour ne laisser la place qu'aux critiques négatives de la sexualité et à une focalisation sur la violence sexuelle.

LA LUTTE CONTRE LE VIOL ET LES CAMPAGNES CONTRE LA PORNOGRAPHIE MOBILISENT DÈS LA FIN DES ANNÉES SOIXANTE-DIX mais ce n'est qu'au milieu des années quatre-vingts que la guerre contre le SM lesbien puis contre la pornographie va prendre un tour radical et clivant. **La *sex war* est déclarée. Contre la pornographie mais aussi entre courants féministes.** Auparavant, les campagnes de mobilisation contre les images dégradantes pour les femmes n'avaient pas forcément de substrat sexuel. Ce sera le cas avec les campagnes contre la pornographie qui la rapprocheront systématiquement du viol : la pornographie est la théorie, le viol est la pratique. Les féministes anti-pornos organisent des *picketing* devant les cinémas pornos ou les peep-shows de la quarante-deuxième rue à New York, en exhibant des images de bondage pour dénoncer le porno. Violente ou pas, une relation de cause à effet est établie entre la pornographie et les violences faites aux femmes, même si le lien n'a jamais été démontré dans les faits. Un pas supplémentaire est franchi lorsque certaines féministes affirment que la pornographie est

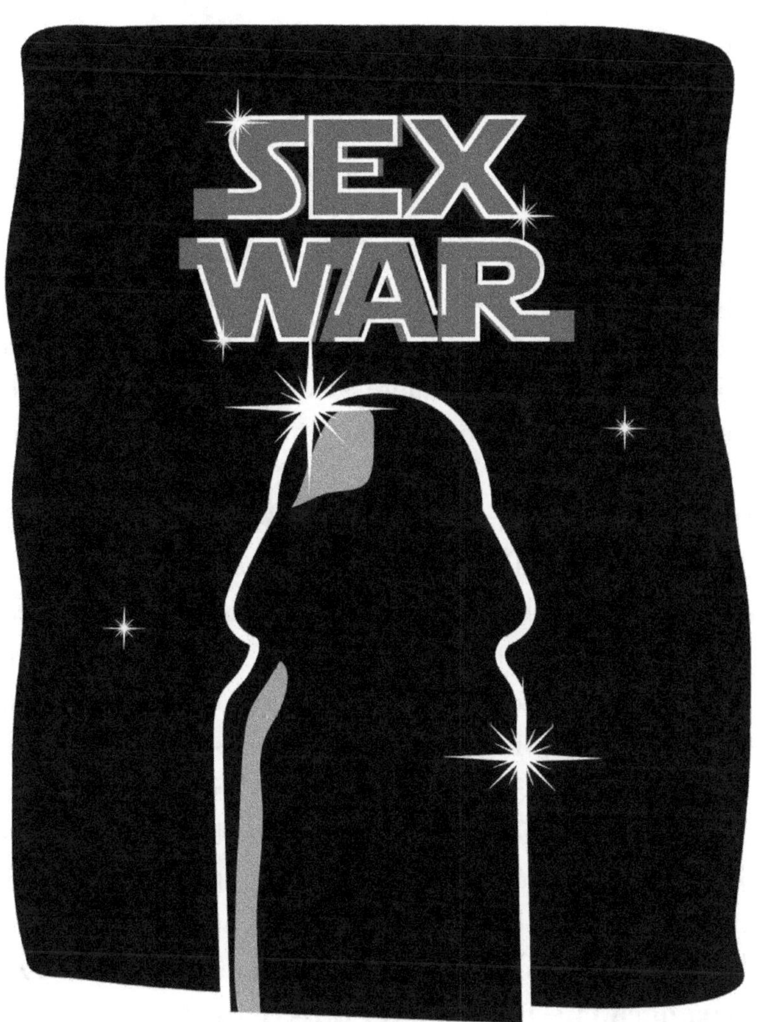

SEX
WAR

en soi une violence faite aux femmes, justifiant ainsi l'intervention de la loi pour l'interdire, comme ce fut le cas dans deux États aux États-Unis, avant que ces mesures juridiques soient déclarées non constitutionnelles.

Cette conception de **la pornographie** a divisé et divise encore les féministes. Si peu d'entre elles soutiennent la pornographie en tant que représentation (vu qu'elle ne permet guère aux femmes de s'identifier ou d'être excitées) ou en tant qu'industrie, elles sont contre la censure et le caractère anti-sexe du mouvement anti-porno. De fait, celui-ci se focalise uniquement sur les aspects négatifs de la sexualité et sur la sexualité dominée. Pour **le mouvement féministe *sex-positiv* américain**, l'objectif n'est pas tant de revendiquer la liberté d'expression en soi, que de proposer **une défense féministe du droit à l'expression sexuelle**, et une conception de la pornographie et des représentations sexuelles explicites qui soient plus complexe. À la solution juridique qui a eu pour effet collatéral de censurer les publications érotiques SM féministes, et non simplement la pornographie misogyne, **pourquoi ne pas créer une pornographie féministe et différente ?** En réaction à la *sex war*, des réalisatrices américaines se lancent dans la production de films pornos faits par les femmes, avec un certain succès. **Le féminisme *postporn*** prend la relève dans les années quatre-vingt-dix à partir de la France, en rêvant de casser les codes de la pornographie dominante. Contre toute attente, à l'ère du porno sur internet, les spectateurs retournent dans les salles obscures pour suivre des festivals de films pornos.

Le problème n'est donc pas la pornographie en soi mais son conservatisme dans la représentation des pratiques sexuelles. Les femmes « exotisées », les « étalons noirs » et leur sexe démesuré sont monnaie courante dans le porno de masse qui diffuse des stéréotypes racistes bien connus sur l'« hypersexualité » bestiale supposée des personnes de couleur et des « salopes ». Le mouvement anti-porno quant à lui reconduit une vision binaire et essentialisée des genres (la femme innocente et subordonnée d'un côté et les hommes dominants et violents de l'autre), ce que confirmera sa guerre contre les subcultures SM et *butch/fem* dans les années quatre-vingt-dix, assimilées à des cultures mâles ou masculines coupables. En fait, le lesbianisme ne vaut comme pratique politique féministe que s'il est synonyme de « sexe entre deux femmes féminines ». Ce n'est pourtant que l'une des combinaisons parmi d'autres dans la culture sexuelle lesbienne qui comporte beaucoup de formes de masculinités féminines qui jouent un rôle dans l'attraction sexuelle. Les lesbiennes masculines vont être accusées de collaboration avec le patriarcat. L'érotisation du pouvoir dans les jeux SM consentis sera dénoncée au motif que le pouvoir serait essentiellement masculin. Le retour d'un sexe pénétratif et l'arrivée du sexe prosthétique, avec les différentes métamorphoses et les réappropriations du gode dans les années quatre-vingt-dix, vont être interprétés comme des trahisons ou une régression.

La réplique des féministes sex-positiv puis pro-sexe[3] ? Mettre l'accent sur la « consensualité » comme règle dans les échanges et les jeux sexuels, et rappeler que le sexe est tout sauf naturel. Ce féminisme insiste également sur l'*empowerment* que procurent des appropriations de la masculinité par les femmes, ou la production de nouvelles formes de masculinités non

---

3. Déclinaison hexagonale du mouvement *sex-positiv*, qui date de 2001.

DU SM
SI JE VEUX
QUAND JE VEUX
SM SAFE SANE CONSENSUAL

patriarcales et non biologiques, puisque indépendantes du corps masculin.

Le débat sur la prostitution a des points communs avec le débat sur la pornographie. Pour certaines féministes, la prostitution, comme la pornographie, est devenue LA violence contre les femmes, voire un viol, considérant que l'activité d'actrice porno ou de prostituée ne peut s'exercer que de manière coercitive. L'exploitation n'est pas simplement économique. Elle est aussi morale : qui dit commerce sexuel, même consenti, dit **marchandisation du corps**, ce qui est inacceptable. Par ailleurs, la prostitution aurait toujours une origine traumatique. Elle s'expliquerait par des violences sexuelles subies pendant l'enfance (notamment des viols) et se traduirait par des troubles psychologiques tels que la « dissociation psychique » ou la « décorporalisation ». Ce discours médical et psychologique « pathologise » les prostituées et leur nie toute capacité d'agir. Concernant l'échange sexuel rémunéré, elles insistent sur **la continuité qui existe entre certains types de relation hommes/femmes : le mariage et la prostitution** par exemple, qui ont en commun de procurer des

Pute Power

compensations financières en échange de services sexuels. Elles sont contre toute forme d'exploitation économique ou autre (industrie du sexe et traite), et militent pour un exercice du travail sexuel indépendant (sans proxénète, État compris) et un statut correspondant.

Les **abolitionnistes** qui rassemblent au-delà du clivage droite/gauche et de la sphère purement féministe préconisent une interdiction de la prostitution qui doit conduire à sa disparition. L'État doit intervenir pour punir les proxénètes et les clients, et sauver les prostituées de la prostitution. **Pour les travailleuses du sexe et les « putes » (pour reprendre leur autonomination), qui se sont organisées dès les années soixante-dix** (sous forme de mouvements ou de syndicats), **l'urgence est plutôt de décriminaliser la prostitution.** Il faut sortir le travail sexuel de son statut illégal qui est la conséquence de la réglementation étatique de la prostitution. Là où les féministes abolitionnistes voient une exploitation sexuelle et économique sans ambiguïté, pour les travailleuses du sexe et les putes féministes, il s'agit d'un travail qui doit être reconnu juridiquement, socialement et culturellement. C'est la non-reconnaissance de leur activité, le manque de statut, qui sont à la source des violences dont les prostituées font l'objet et notamment d'un harcèlement policier au quotidien. Par ailleurs, les travailleuses du sexe disposent d'une expertise spécifique, de ressources féministes et culturelles qui sont des atouts dans la lutte contre la prostitution forcée, la traite et les abus de l'industrie du sexe, mais aussi dans celle contre le VIH. À condition que les féministes abolitionnistes ne parlent pas à leur place. **Féminisme et prostitution ne sont donc pas incompatibles.** Au contraire : nombre de travailleuses du sexe insistent sur le fait que les différentes activités liées à l'industrie du sexe, du travail sexuel au strip-tease, sont des sources non négligeables d'*empowerment* et d'affirmation sexuelle. « **Mon corps m'appartient** » dit le célèbre slogan féministe des années soixante-dix. Il a sitôt été complété par cet autre moins connu qui vient des premières mobilisations des « putes » de San Francisco : « ***My ass is mine*** » (« **Mon cul aussi** »).

4
À la conquête de l'espace public

La France est l'un des pays occidentaux où les résistances à la présence des femmes dans les sphères de l'espace public (politique, culturelle, artistique et intellectuelle), sont les plus fortes. Le poids de la tradition républicaine universaliste sur l'ensemble du féminisme français renforce l'imposition d'une démocratie abstraite et non réelle. Il explique en grande partie ce particularisme et ce déficit démocratique.

De fait, l'espace public est « genré » : il appartient traditionnellement aux hommes qui y font commerce et politique. Les femmes ont été et sont encore assignées à la domesticité et au privé. La connotation négative de l'expression « femme publique » en dit long sur le fait que l'espace public soit le lieu des privilèges masculins. **L'accès à**

DROIT DE VOTE : 1945
PRÉSIDENTE ÉLUE : ?
QUI VA
GARDER LES
ENFANTS ?

la sphère professionnelle et à la représentation politique a donc cristallisé les efforts des féministes dès la première vague. Pour symboliser leur exclusion du droit de vote, les suffragettes anglaises occupent physiquement l'espace public en s'enchaînant aux grilles du Parlement au tout début du vingtième siècle. En 1918, elles obtiennent partiellement gain de cause, précédées par la Nouvelle-Zélande et l'Australie qui accordent le droit de vote aux femmes et celui d'occuper des positions politiques, respectivement en 1893 et 1895. Si les États-Unis suivent en 1919, **il faudra attendre 1945 pour que les femmes puissent voter en France.** Problème : le droit de vote ne résout pas la question de la composition d'un personnel politique qui reste majoritairement masculin.

DÈS 1945, LE FÉMINISME DE L'ÉGALITÉ DES SEXES ET DES DROITS DES FEMMES S'INTERNATIONALISE ET S'INSTITUTIONNALISE au travers d'instances comme l'ONU, puis européennes, avec le Conseil de l'Europe. **Un nouveau registre politique s'impose : celui de la lutte contre les discriminations faites aux femmes** qui nécessite la mise en place d'outils, comme **l'action positive**, qui doivent permettre d'en finir avec l'égalité formelle et les inégalités réelles. Désormais, celles-ci sont constatées et mesurées avec l'instauration de statistiques et de bonnes pratiques. Les États sont encouragés à instaurer des législations et des mesures préférentielles afin de garantir l'égalité homme/femme. **Certaines féministes françaises issues du MLF évoluent dans leur rapport à la pratique du pouvoir institutionnel et au féminisme d'État.** Elles vont grossir les rangs du féminisme réformiste qui voit dans les moyens légaux des leviers d'action pour le changement. La culture universaliste française, on le sait, est allergique à toutes les formes d'action affirmative ou corrective temporaire car elles sont perçues comme autant d'atteintes au principe d'une égalité fondée sur le traitement non différencié des individus. Les féministes optent donc pour une adaptation française de la notion de « **parité** » pour remédier à la sous-représentation des femmes dans le personnel politique. Destinée à éviter l'accusation de mise en place de quotas ou de mesures de « discrimination positive à l'anglo-saxonne », la stratégie paritaire échoue pourtant à résoudre le problème : **en 2012, la France est à la traîne et l'ensemble des partis politiques préfèrent s'acquitter des sanctions**

MISS
POTICHE

LA PLACE DES FEMMES EN POLITIQUE

financières qui s'appliquent en cas de non-respect de la loi sur la parité votée en 2002.

Comme tout scénario féministe, celui de la parité implique une définition et un rôle pour la différence sexuelle. Les travaux des historiennes féministes ont montré que l'universalisme abstrait correspond en réalité à un universalisme masculin, et que **l'exclusion des femmes de la sphère publique depuis la Révolution française n'est ni un accident ni un préjugé mais qu'elle fait partie intégrante du fonctionnement démocratique issu des Lumières.** L'idée des féministes paritaires réformistes est de remédier à ce dysfonctionnement chronique, en faisant de la parité un principe d'accès à une forme d'égalité bonifiée, qui permettrait de réaliser l'égalité totale en y incluant l'autre moitié du monde, à savoir les femmes. Seule cette réintégration permettrait d'atteindre le vrai universel, celui qui prend en compte la dimension sexuée de l'humanité pour la dépasser ensuite dans une égalité idéale et neutre. Avec cette conception de l'égalité et de la différence sexuelle, la parité acquiert une valeur transcendantale, fondatrice et intemporelle, plus qu'elle n'est un simple outil. Le problème est non seulement qu'elle n'a pas fait la preuve de son efficacité mais aussi que cette conception de la démocratie ultime porte en son sein le potentiel excluant qu'elle dénonce. Elle impose le primat politique de la différence sexuelle comme source d'inégalité sociale et un modèle « naturalisant » et binaire qu'excèdent les genres réels. Cette primauté de la différence sexuelle comme source d'inégalité première est d'autant plus contestable qu'elle introduit dans les faits une hiérarchisation entre les formes d'oppression (par rapport à la « racialisation » par exemple).

Dans sa version absolutiste, **la parité articulée autour du seul axe de la différence sexuelle renoue donc avec une forme d'exceptionnalisme démocratique.** Sa rénovation de l'universalisme est incomplète et ne tient pas compte des autres oubliés de la démocratie moderne que sont les pauvres, les minorités « racisées » et/ou sexuelles. Cette stratégie a aussi institué un séquençage dans l'action politique. En proposant une version minimaliste de la parité à deux termes seulement, dans laquelle les femmes passent en premier, alors que la parité en soi n'est pas forcément binaire et peut se concevoir à plusieurs

C'EST COMPLET.
MADAME
MONSIEUR
MADAME
PARITÉ VS DIVERSITÉ

termes et sur le plan culturel. Dans un pays universaliste anti-multiculturaliste, ce séquençage et cette forme de parité entrent en conflit direct avec les revendications actuelles de « diversité » qui sont loin de ne concerner que les hommes. Outre leur efficacité, les mesures d'affirmation positive sont plus souples dans le temps et elles favorisent une concomitance plutôt qu'une concurrence des actions en direction des exclus de l'espace public. Elles ne nécessitent pas une inscription dans le marbre de la Constitution, qui n'est en rien le gage d'une réelle transformation sociale et de la représentation politique. **Alors, la parité à la française : un faux ami de l'égalité ?**

5

Cultures de femmes, cultures féministes ?

Existe-t-il une culture femme ? A-t-elle été
empêchée ? Ou est-ce que cette culture existe mais a
été rendue invisible ou n'a pas été reconnue en tant que
telle ? Le statut d'écrivain par exemple a été longtemps
réservé aux hommes tandis que les femmes étaient taxées
de « scribouillardes sentimentales » dès qu'elles osaient
prétendre à la carrière littéraire. Mais tout est encore
fonction de la définition de la culture adoptée et des
stratégies retenues. Si culture rime avec haute culture et
esthétique (les arts nobles), et partant du constat fait par
le féminisme de la deuxième vague selon lequel la culture
des femmes se fait à l'intérieur du patriarcat, comment
lui échapper ? **Comment être sûr de forger ou de
retrouver des cultures de femmes qui ne soient pas**

UNE CHAMBRE À MOI,
C'EST DÉJÀ ÇA.

VIRGINIA WOOLF

déterminées par la culture masculine dominante ? Existe-t-il dans le passé comme dans le présent un dehors de la culture patriarcale susceptible d'être investi par des pratiques féminines différentes ? La réponse du **féminisme différentialiste** est : « Oui », en fonction de sa définition de la femme, laquelle serait radicalement différente de l'homme sur le plan biologique et/ou psychique. Sa venue à l'écriture débouche sur une écriture différente sur la forme et sur le fond. Reconnectée à son moi féminin, à sa fonction maternelle différenciatrice, à un stade présymbolique et pulsionnel, l'écrivaine retrouve ainsi le chemin de sa créativité propre.

Dans les années soixante-dix et quatre-vingts, une littérature et des revendications artistiques qui célèbrent la féminité irréductible de la femme font leur apparition, comme « **l'écriture féminine** » à la française d'une Hélène Cixous par exemple. On dénonce le fonctionnement « phallogocentrique » du langage grâce à Freud et à Lacan. On prône une écriture expérimentale authentiquement féminine qui valorise l'évocation des flux corporels féminins et une déstructuration syntaxique narrative anti-oedipienne. La limite de cette stratégie, outre son élitisme, est de déboucher sur une vision

« renaturalisante », pour ne pas dire essentialiste, de la féminité ; de prôner la pureté de la subversion littéraire et une conception de la femme anhistorique et universaliste, dépendante d'une définition de la différence des sexes figée, binaire et biologique.

Une définition plus large et plus sociologique de la culture débouche sur des réalités plus complexes, moins héroïques et moins élitistes. La culture populaire et les pratiques de la vie quotidienne, en un mot le mode de vie et l'univers référentiel d'un groupe, sa relation au « nous » de la classe, de la race, de l'histoire et de la nation font partie intégrante de la culture. La question qui se pose alors est de comprendre **comment les femmes et les féministes, à l'instar d'autres cultures subordonnées, font ou non acte de résistance.** Sachant que l'une des caractéristiques du féminisme est d'entretenir une relation problématique à la féminité dominante ou imposée, puisque celle-ci est un rejeton du système patriarcal. L'ennemi principal du féminisme, même si l'on n'y insiste guère, notamment dans les féminismes qui misent sur des formes de solidarité intrinsèques entre les femmes (« ***Sisterhood is powerful*** », comme on disait dans les années soixante-dix : « La sororité est notre force »), n'est-il pas, aussi, les femmes rétives au féminisme ou les femmes qui embrassent des formes de féminité aliénantes dispensées par les magazines féminins ?

Les féministes mettent l'accent sur ce qui les réunit politiquement et répugnent à évoquer leurs divisions par souci d'efficacité. En même temps, le féminisme doit affronter ses contradictions, ses variations et sa généalogie. Des études historiques, les travaux des culturalistes anglo-saxonnes nuancent le partage entre aliénation féminine et résistance féministe. Les cultures de la féminité aux XVIIe et XVIIIe siècles par exemple ne rassemblent pas que des groupes de femmes surdéterminées par leur condition, qu'elle soit domestique ou ouvrière. Les femmes sont loin de former un tout homogène qui réunirait d'un côté des sujets passifs et de l'autre des hommes forcément actifs économiquement et culturellement. Leurs formes de résistance ne coïncident pas avec les standards de l'idéologie féministe du XXe siècle. Il faut donc tenir compte d'un répertoire de modes de résistance plus étendu et plus ambigu.

Idem quand on se confronte aux modes de résistance sous forme de **lectures oppositionnelles** ou compensatrices que déploient des femmes consommatrices de culture populaire. Ainsi les fans de *soaps* à la télévision ou de romans à l'eau de rose ne sont pas des dupes culturelles, pas plus que les adolescentes qui investissent **Madonna comme figure féminine parce qu'elle est *empowering*.** Les fans de *Star Trek* ont ainsi obtenu des modifications des scénarios de la série pour que les rôles féminins soient plus autonomes ou moins stéréotypés.

Sans tomber dans le populisme ou la « romanticisation » de ces formes de résistance féminine, cette non-passivité culturelle montre que **la conscience féministe n'est pas la seule forme de contestation féministe.** Voire qu'il peut être utile de rompre avec le *storytelling* linéaire hérité des Lumières (si oublieuses des femmes), qui voudrait que l'on progresse inexorablement vers une amélioration de la condition féminine ou une libération des femmes. Avec cette idée que ce sont les femmes issues des classes bourgeoises et les plus oisives qui sont à l'origine du féminisme depuis le XVIIIe siècle. Aux États-Unis, par exemple, la culture de la lutte féministe a été transmise par les femmes noires à des

Papa don't preach
MADONNA

féministes bourgeoises blanches qui ne le leur ont guère rendu puisqu'elles n'ont pas hésité à sacrifier le vote noir dans leur bataille pour le droit de vote. Il est indéniable que le féminisme contemporain a fourbi des armes de production subjectives et culturelles d'une conscience féministe et collective originale et puissante. Mais il se prive de ses ressources et de son questionnement de base s'il hiérarchise et ne valorise que certaines formes et figures de résistance féministes, celles militantes et reconnues. Comment est-on féministe et pourquoi certaines femmes ne le sont-elles pas ? Après tout, **la vraie question qui taraude le féminisme, comme toute pensée et tout mouvement politique, n'est-elle pas celle de l'aliénation et de la servitude volontaire ?**

6

Politiques de la représentation I : les médias

La question de la représentation ne se limite pas à celle de la représentativité politique. La représentation des femmes se joue aussi dans la littérature, les médias, le cinéma ou la publicité. L'oppression des femmes se décline en termes économiques et culturels. La production et la diffusion de **représentations stéréotypées de la féminité** maintiennent le système patriarcal ou la domination masculine en les imposant comme naturelles. Passives, hystériques, obsédées par le shopping ou la mode, c'est aussi un double standard qui s'applique quand les femmes aiment le sexe : des « salopes » ou des « putes », à la différence des hommes. **L'oppression des femmes passe aussi par les images. Le**

féminisme de la deuxième vague et le féminisme anglo-saxon en ont bien conscience, qui ont multi-plié les stratégies en matière de politiques de la représentation.

On s'intéresse d'abord aux contenus. En mettant en évidence le caractère culturel et construit des représen-tations négatives ou stéréotypées, on espère déclencher des prises de conscience et des changements. L'enjeu est aussi de favoriser la production et la circulation d'images différentes, qui montrent des femmes fortes, de proposer **des rôles modèles (de Marie Curie à Sojourner Truth, en passant par Wonder Woman armée d'un spéculum).** Ou encore de renverser les appellations stigmatisantes. « **Appelez-moi *Bitch* plutôt que *Madame* »** : c'est d'ailleurs le titre d'un magazine féministe célèbre. Ou encore « **Amazone** », « **Sorcière** » **ou** « **Virago** ». Dans les années soixante-dix, loin d'être des redéfinitions superficielles, ces désignations défient la culture dominante et renvoient à des changements de vie drastiques et utopiques : les femmes quittent leur mari et leur carrière, expérimentent la vie en communauté et de nouvelles formes de

Wonder Woman
HÉROÏNE CYBORG
TIARE MAGIQUE :
BOOMERANG MORTEL
BRACELETS
INDESTRUCTIBLES :
POUVANT RÉSISTER
À N'IMPORTE
QUELLE ATTAQUE
LASSO DE LA VÉRITÉ :
DÉTECTEUR DE MENSONGES
SANDALES D'HERMÈS :
LUI PERMETTENT DE VOLER

sexualités, s'emploient à devenir indépendantes, à s'imposer et à vivre autrement. Le féminisme est une contre-culture à part entière.

DANS CETTE BATAILLE, LES MÉDIAS FONT L'OBJET D'UNE ATTENTION PARTICULIÈRE. Les premières actions sont menées contre les journaux pour contester les publicités sexistes mais aussi pour remettre en cause leurs contenus éditoriaux et la composition masculine des rédactions. Des campagnes de collage sauvage de stickers sur les panneaux publicitaires et dans les lieux publics dénoncent les représentations sexistes ou les détournent. Ce type de pression donnera des résultats dans certains pays et favorisera l'embauche de reporters et de journalistes féminines dans la presse grand public. Parallèlement se montent des festivals internationaux de films de femmes pour les femmes qui constituent des relais essentiels. Avec le développement de la théorie féministe et de l'analyse du cinéma (*film studies* et *gender studies*), **le cinéma va être envisagé comme un discours qui dépasse largement la question des stéréotypes et le débat sur les images positives et les images négatives des femmes.**

style
VU
à la télé
bra
fashion
shoes

C'est que **la question de l'influence des images sexistes et des stratégies pour les combattre est plus complexe.** Comment parvenir à des réalisations représentatives de la diversité des expériences des femmes ? Est-ce possible ? S'il existe des images qui représentent mal les femmes, quelle est la part consciente et inconsciente des hommes dans ces productions ? Et comment expliquer leur persistance et le pouvoir qu'elles continuent d'exercer, voire la fascination ou le plaisir qu'elles procurent même quand elles sont démystifiées, y compris sur des publics féminins ? Dans quelle mesure participent-elles à la formation des identités de genre féminines et masculines ? C'est aussi tout le problème de la réception qui se pose à partir du moment où la transmission du message filmique ne relève pas d'un schéma de communication linéaire simpliste mais génère des lectures.

Les *film studies* vont proposer des réponses à ces questions et des stratégies pour renouveler le langage cinématographique. Elles déplacent le questionnement sur la représentation. Il ne s'agit plus de savoir si les films constituent ou non un reflet fidèle de la réalité sociale des femmes. Il faut les aborder comme des discours, des textes qui structurent des manières de voir présentées comme universelles, naturelles ou neutres, alors qu'elles résultent de rapports de pouvoir qui traversent notre société. Les critiques et les théoriciennes féministes vont mobiliser toute une panoplie d'outils théoriques, allant du marxisme à la sémiotique en passant par la psychanalyse, pour tenter de saisir le fonctionnement des films. L'analyse psychanalytique de la position de la spectatrice et du répertoire restreint d'identifications dont elle dispose va donner un nouveau sens à l'objectif qui consiste à faire que les femmes ne soient plus des objets mais des sujets de la représentation. **Le cinéma imposerait en effet une structure patriarcale dans laquelle la femme est l'objet du regard à la fois pour le héros masculin du film et pour le réalisateur.** Son corps est fétichisé, à l'instar des plans fixes d'un Sternberg sur **le visage et les jambes de Marlène Dietrich**. Seul l'homme fait avancer la narration et l'action. Tout le plaisir visuel est construit par un émetteur masculin pour un public masculin. **Dans cette configuration, la femme ne peut jamais s'identifier à ce qu'elle voit à l'écran.**

POUR SORTIR DE CE CARCAN IDÉOLOGIQUE ET NARRATIF, beaucoup de cinéastes féministes opteront pour un cinéma expérimental susceptible de ne pas être entaché par les formes du cinéma traditionnel. L'inconvénient est que l'aridité et le refus de la figuration caractéristiques de ce type de cinéma ne permettent guère de procurer des plaisirs en réception ou des identifications alternatives. Et puis l'analyse et la dénonciation du cinéma patriarcal ne marchent pas pour tous les films, même dans le cinéma hollywoodien et *a fortiori* dans d'autres genres cinématographiques. D'autres critiques féministes ont montré comment, contre toute attente, les *slashers movies* (les *Massacre à la tronçonneuse,* par exemple) réservaient bien des surprises. On y trouve ce motif récurrent de la *final girl* qui gagne toujours à la fin. Les séries B américaines, pour machistes qu'elles soient, comportent également des motifs féministes sources d'*empowerment,* alors qu'elles sont majoritairement réalisées par des hommes (les *rape and revenge movies* comme *I Spit on Your Grave*). Très structurelle, la conception du *male gaze* (du regard masculin patriarcal) projette les places de la spectatrice mais elle ne prend pas en compte la réalité

DIRECTOR'S CUT
THE CHAIN SAW GIRL
VERSION REMASTERISÉE
DVD
VIDEO

empirique de la réception comme le montrent les analyses culturalistes du cinéma.

Bien des figures féminines à l'écran ne sont pas ou plus passives et les registres d'identification des spectatrices sont à la fois plus complexes et plus inattendus. Voire, ils ne s'articulent pas uniquement autour de l'axe de la différence sexuelle biologiquement définie. Les femmes et les hommes peuvent pratiquer des identifications de genre croisées, en s'identifiant à un personnage masculin pour une femme par exemple, et la schématisation du cinéma patriarcal ne tient pas compte d'autres paramètres qui entrent en jeu dans l'identification : la race et la classe. Ce cinéma s'adresse à la femme blanche et privilégie la différence sexuelle. Ses points aveugles sont les lesbiennes et les gays mais aussi les femmes et les hommes noirs qui n'entretiennent pas les mêmes rapports avec ledit *male gaze*.

La bataille des médias est donc loin d'être gagnée. Elle s'annonce plus difficile que prévue et comme devant progresser sur plusieurs fronts, sans jamais se contenter d'être réactive.

7
Politiques de la représentation II :
art et féminisme

DANS LES PAYS, LES LIEUX ET LES INTERSTICES OÙ UN FÉMINISME AFFIRMATIF A PU SE DÉVELOPPER, il a marqué la deuxième moitié du XXe siècle en impactant la société, les institutions et l'art. De récentes expositions ont été consacrées à l'art féministe. Leurs missions affichées, leur scénographie et leur vocation à être une archive vivante contrastent avec la frilosité française et son timide questionnement sur les femmes artistes ou les artistes femmes que l'universalité de leur art préserverait de tout particularisme. **L'art féministe est indissociable d'une forme d'activisme** qui s'explique par son point de départ : l'absence de femmes dans le monde de l'art et leur écrasante présence en tant qu'objets de la représentation selon des codes masculins

(D'APRÈS ROBERT MAPPLETHORPE)

dont le nu n'est que l'un des nombreux exemples. De ce point de vue, pour l'art féministe, les manifestations artistiques traditionnelles méritent d'être investies, et elles le seront (dans la peinture ou la sculpture par exemple), de même que les grands courants artistiques (*body art*, art environnemental, installation, art conceptuel). Mais elles ne sont pas plus importantes que la critique d'art, l'occupation d'un espace public, un fanzine, un concert de **riot grrrl**[4] ou des vidéos.

Le champ d'intervention de l'art féministe est immense. Il consiste à se distancer des lectures et des images de la femme et de la féminité *via* tous les médiums et dans tous les médias. Qu'il s'investisse pour ce faire dans des représentations qui remédient à l'« **invisibilisation** » de pans entiers de la réalité **de l'expérience féminine,** ou qu'il s'accommode, dans une optique postmoderne, de l'inexistence d'un original et de la supériorité des copies. **Les médias de masse sont une mine en matière de stéréotypes, peut-être l'une des plus visibles**

---

4. Mouvement punk rock alternatif qui s'est constitué en réaction au machisme et à l'antiféminisme du punk.

et importantes sources d'objectivisation et de fétichisation de la femme et de son corps.

C'est pourquoi l'art féministe s'est autant saisi des photos de mode, de la publicité, des représentations érotiques ou pornographiques et des films pour les critiquer en les détournant, en les dénonçant, en se les réappropriant, ou encore pour en faire apparaître le caractère non naturel, restrictif ou opprimant. De ce point de vue, il semble très vite acquis que **la féminité est une mascarade, une performance codée dont l'efficacité tient à son caractère répétitif qui peut être retourné**, par le biais d'une « décontextualisation » et d'une réappropriation qui permettent d'exhiber son caractère construit. C'est l'une des raisons pour lesquelles la performance en tant que forme artistique va être si présente dans l'art féministe des années soixante-dix à la fin du XXe siècle.

LA PERFORMANCE FAIT PARTIE DE CES FORMES ARTISTIQUES QUI NE RELÈVENT PAS DU HIGH ART (ART NOBLE). Proportionnellement, celui-ci intéressera moins les artistes féministes, mis à part quelques incursions dans le cinéma ou la vidéo expérimentale et l'art abstrait. **La performance convient**

à l'expression féministe comme à d'autres démarches artistiques minoritaires. Elle est propice à l'effacement de la frontière entre **le privé et le public, l'art et la politique, l'art et la vie quotidienne.** Qu'il s'agisse de happening ou d'action, elle permet d'explorer le fameux lien entre le personnel et le politique moyennant quelques réorientations. Par exemple quand elle s'inspire des groupes de *consciousness raising*. Un souci qui ne préoccupait guère les performeurs masculins qui prenaient les femmes pour des pinceaux, comme Klein et ses anthropométries en bleu. L'autre avantage de la performance est qu'elle permet de s'extraire de toute narration, qu'elle soit romanesque ou théâtrale, voire de travailler sans texte fixe ou original. Surtout, elle peut être réalisée à moindre coût, ce qui a son importance pour que la pratique artistique remplisse sa vocation de permettre au plus grand nombre de retravailler le quotidien, voire de supprimer la frontière entre l'art et la vie.

Ce n'est sans doute pas un hasard si **les œuvres féministes les plus marquantes sont collectives et traitent de la domesticité et du corps.** C'est le cas

pour le fameux projet de la ***Womanhouse***[5] développé par Judy Chicago à Los Angeles en 1972, qui est exemplaire du travail politique et artistique féministe sur la frontière entre le privé et le public. En redécorant de fond en comble une maison, les vingt-quatre participantes du projet proposent une double critique de la domesticité : par leur choix de « décoration » qui réinvestit des fonctions féminines et corporelles, et qui transforme un espace privé étouffant en lieu d'exposition public où se déroulent des performances qui mettent en scène des thèmes de la vie « féminine » (*l'attente*, par exemple, avec la performance de Faith Wilding[6]).

Avec la performance ***In Mourning and in Rage***[7] de Lacy, Labowitz et Lowe en 1977, l'art et la politique sexuelle féministe fusionnent. Soixante-dix femmes habillées de noir et une en rouge manifestent leur colère devant la mairie de Los Angeles pour protester contre l'assassinat de dix femmes par l'étrangleur de Hillside et la couverture média sensationnaliste qui en a été faite. **L'art sert**

---

5. http://womanhouse.refugia.net/
6. http://www.reactfeminism.org/nr1/artists/wilding.html
7. http://www.youtube.com/watch?v=767U43psfn4

à dénoncer le caractère genré de l'espace public, le fait qu'à la différence des hommes, les femmes n'y soient pas en sécurité. Une femme qui se promène seule la nuit doit en effet se poser des questions ou s'imposer des restrictions par peur d'agression. Les marches contre le viol et de réappropriation d'un espace public qui reste *unsafe* pour les femmes – comme ***Take Back The Night*** et la Marche des salopes (***Slutwalk***) – en sont directement inspirées. Dans ce cas, c'est la répétition de la performance artistique qui assure sa pérennité et la transmission féministe. C'est d'autant plus précieux qu'il s'agit d'une forme artistique éphémère qui ne laisse pas de traces à moins d'être filmée. L'autre grande qualité de la performance pour l'art féministe est qu'elle n'existe pas sans interaction avec le public, qu'il s'agisse de le confronter, de lui renvoyer son propre regard objectivant ou de le connecter avec un public minoritaire. Enfin, la performance favorise la mise en scène et l'utilisation du corps, ce qui est l'une des thématiques récurrentes de l'art féministe, marquée par une exploration des genres incluant la performance de la masculinité. **Pour toutes ces raisons, la performance a été et reste l'un des moyens d'expression privilégiés de l'art**

féministe et non simplement féminin. On n'en trouve guère la trace dans le marché de l'art et les collections permanentes qui exposent leurs « grandes femmes artistes » comme autant de cintres.

8
Le discours de la méthode

Dans le sillage des années soixante-dix, la réflexion féministe s'attaque à l'ensemble des sciences, « les humaines » comme « les dures ». Les femmes ont été écartées du champ scientifique et le savoir scientifique sur les femmes est produit d'un point de vue masculin. Soit, mais l'enjeu se situe aussi à un niveau épistémologique : quel rôle jouent les genres dans les rapports de pouvoir inhérents à la construction et à la validation du savoir scientifique ? **La production des savoirs est politique à partir du moment où certains d'entre eux sont disqualifiés ou mesurés à l'aune d'une conception de l'objectivité que les féministes vont s'employer à déconstruire,** en montrant son caractère socialement et historiquement construit et genré. Il s'agit ni plus ni moins de revenir sur la neutralité de la vérité scientifique.

Ne bougeons plus...
LA FABRIQUE DE L'HYSTÉRIE

La théorie et la méthode expérimentale, avec son lot de procédures de validation, la vie en laboratoire vont faire l'objet d'enquêtes critiques qui montrent que l'objectivité scientifique, telle qu'elle a été construite et revendiquée, est un savoir situé et partiel. S'il ne se présente pas comme tel, c'est pour mieux se revendiquer comme neutre, universel ou transcendant. **La « vraie science » se construit à la fois sur l'exclusion des femmes mais aussi sur des pratiques qui sont codées comme étant masculines.** La position scientifique d'un Boyle, par exemple, « le père » de la chimie et de la science expérimentale, se construit sur un jeu d'oppositions et d'exclusions genrées : le vrai scientifique est un homme blanc, objectif, sérieux, technique, abstrait et transparent. **Il est le ventriloque du monde et des objets. Désincarné, il se situe du côté de l'esprit.** À défaut d'exercer le métier de scientifique, les femmes d'un certain rang peuvent être dignes d'assister aux présentations publiques de ses célèbres expérimentations de la pompe à air, mais elles ne peuvent en aucun cas servir de témoins scientifiques valables. Le cumul de la fonction de specta-teur et de témoin est l'exclusivité de la partie masculine du public selon la procédure d'établissement de la vérité

scientifique inventée par Boyle. C'est que les femmes **sont codées comme subjectives, ridicules et concrètes. Elles sont du côté du corps et non de la raison.**

Les *science studies* féministes et les *technology studies* s'emploient donc à mettre en évidence les biais de l'objectivité scientifique et à restituer la contingence de la science telle qu'elle se fait vraiment. Elles réévaluent le partage entre objectivité et subjectivité et proposent de nouveaux scénarios de production et de pratique des savoirs. **L'« objectivité féministe » est une dénonciation de la séparation factice entre l'objectivité construite d'un point de vue masculin et le politique.** Elle invite à prendre en compte le réseau d'acteurs « subalternes » qui participent à la production de la vérité, qu'il s'agisse des femmes ou du collectif qui est à la base de toute démarche scientifique et que masque le *storytelling* individualisant de « la découverte » et du savant génial. Dans une perspective empiriste marxiste, l'objectivité est perfectible et reste un objectif mais il faudra la compléter pour l'améliorer d'un point de vue féministe. **Dans les sciences dites « dures » comme dans les sciences humaines, la promotion des savoirs situés oblige à une réflexivité accrue qui**

tienne compte de l'ancrage de tout discours et de l'importance du point de vue. Si pour certaines, il s'agit de réintégrer les points de vue et les savoirs marginalisés, pour d'autres il faut leur accorder la préférence et les bénéfices de la vision partielle qu'ils procurent en évitant le piège du relativisme.

Depuis vingt ans, la boîte à outils de l'épistémologie féministe a été testée et complétée. Les inquiétudes que soulevaient ces nouvelles pratiques de savoir et ce type de réflexion-action ont été levées. La valorisation des savoirs situés n'a pas débouché sur un idéalisme béat pas plus qu'elle n'a conduit à les innocenter de tout soupçon. La prise en compte des points de vue minoritaires n'a pas entraîné de figements identitaires ou communautaires. Dans les pays réellement impactés par la révolution féministe dans toutes ses dimensions, y compris dans ses implications en termes de politiques des savoirs, de nouvelles éthiques de recherche visant la justice et la transformation sociale se sont développées. Elles prennent en compte les savoirs présentés comme « subalternes » ou « minoritaires » en ce qu'ils émaneraient de groupes spécifiques (les minorités « racialisées » par exemple) et elles tentent de réduire le geste objectivant des chercheurs y compris dans les sciences sociales. *A fortiori* dans les recherches qui mobilisent des « personnes étudiées », celles-ci sont considérées non comme des objets de recherche mais comme des partenaires actifs, acteurs à part entière de tout projet qui consiste à produire de la théorie sociale. La notion de « positionnalité » qui consiste à évaluer ses privilèges et son ancrage géoculturel et politique participe également de cette volonté de faire « avec » et non « sur ». Enfin, les « politiques du canon », autrement dit le fait de s'interroger sur l'univers référentiel pratiqué dans des lieux de savoir, dans les universités par exemple, ont permis de ne plus privilégier les savoirs et les acteurs dominants au détriment des autres. **Les politiques féministes des savoirs ont débouché sur des bouleversements épistémologiques conséquents. Loin de se limiter à la transmission du ou des féminismes, elles proposent un champ interdisciplinaire et un discours de la méthode en constante évolution,** où la perspective féministe est transversale.

9
Féminisme et genres

Qu'en est-il de la relation entre genres et féminisme ?
La question est intéressante d'autant que les féministes
françaises, qui ne jurent aujourd'hui que par « le genre »
et non « les genres », étaient les mêmes qui, il y a dix ans
de cela, n'y voyaient qu'une invasion anglo-saxonne
inutile et s'irritaient du fait que l'on ne parle pas plutôt
« de rapports sociaux de sexe ». Il est vrai que la simple
mention du terme permet de toucher les subventions
européennes ou nationales pour des recherches qui se
démarquent du féminisme trop politique. Dans les
politiques publiques de ***gender mainstreaming***
à l'échelle européenne par exemple (l'approche intégrée
des politiques de l'égalité homme/femme), la notion de
« genre » ne renvoie plus qu'à un simple indicateur

bureaucratique, en phase avec une définition traditionnelle des genres et de la différence sexuelle : « Genre » y est synonyme d'« homme » et de « femme ».

« La théorie du genre » est récemment apparue dans les médias français comme une nouveauté. Elle a même fait figure d'arme redoutable à opposer aux adversaires des enseignements au lycée qui font mention de l'homosexualité, comme si genre et orientation sexuelle étaient la même chose. Non seulement il n'existe pas une seule théorie du genre mais celle-ci n'est pas l'exclusivité du féminisme. **La notion de « genre » est bien antérieure à ses théorisations féministes.** Les anthropologues l'ont utilisée pour désigner la construction sociale des rôles masculins et féminins dès les années quarante, suivis par les psychiatres et les psychologues. Elle n'est pas progressiste en soi et elle a servi à redresser les hommes « efféminés » et à justifier des interventions chirurgicales discutables sur les personnes intersexuelles et transsexuelles. Ce n'est que lorsque les théories féministes s'en emparent que la notion est envisagée d'un point de vue politique et que l'on entre dans une franche critique des genres tels qu'ils sont imposés.

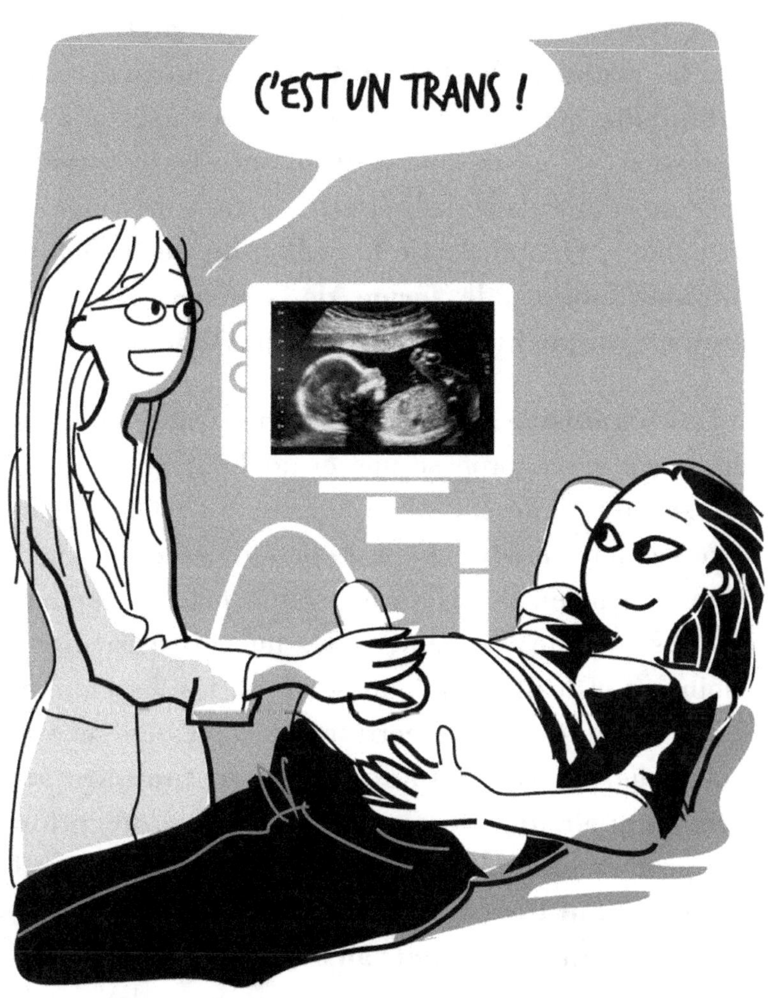
C'EST UN TRANS !

Le féminisme de la deuxième vague met l'accent sur la critique de la construction normative de la féminité qui confine les femmes à des rôles et à des expressions de genre limités. Il dénonce les oppressions de genre qui résultent de l'asymétrie entre « masculin » et « féminin ». **Quand il vise la réduction des inégalités hommes/femmes, le terme de « genre » renvoie alors au couple biologique « homme/femme ».**

Le féminisme de la troisième vague, dans sa mouvance *queer*, propose une critique des genres avec un spectre différent. Le binarisme homme/femme favorise une indexation sur la différence sexuelle (homme/femme). Il s'avère trop étroit pour comprendre d'autres identités de genre telles que les masculinités féminines et les féminités masculines, les masculinités et les féminités qui ne correspondent pas au sexe dit biologique. **Ce féminisme s'intéresse toujours aux effets opprimants que génèrent des conceptions des genres bloquées mais aussi aux effets positifs que génèrent l'existence et la possibilité de genres différents qui résistent aux modèles normatifs.** Les genres sont envisagés de manière relationnelle et la circulation de la masculinité et de la féminité ne dépend plus du sexe biologique.

Cette évolution est due au fait que **le féminisme *queer*** prend en compte une multiplicité de genres autrefois (et encore aujourd'hui) considérés comme des déviances pathologiques. Le féminisme de la troisième vague intègre positivement les identités de genre différentes et notamment celles qui ont fleuri dans les subcultures gay, lesbienne, trans et *queer* des années quatre-vingt-dix, avec les *butch*, les *neobutch*, les drag-queens et les *drag kings*, les transsexuels et les transgenres. **Le féminisme de la deuxième vague explore plus la féminité que la masculinité. Le féminisme *queer* travaille la féminité mais il s'aventure aussi sur le terrain de la production et des identifications masculines (lesbiennes masculines, *FtM*[8], *MtF*[9], masculinités hétérosexuelles). Il critique la masculinité normative par d'autres biais.**

---

8. *Trans Female to Male.*
9. *Trans Male to Female.*

BUTCH
FEM

Le point commun du féminisme de la deuxième vague et du féminisme *queer* de la troisième vague est de vouloir briser le carcan naturaliste des genres indexé sur la différence sexuelle, en proposant une utilisation critique et politique des genres. **Le féminisme de la deuxième vague cherche à transformer le modèle de la féminité dominante. Le féminisme *queer* cherche à pluraliser les « modèles » de féminité et de masculinité.** Il cherche à identifier et à rendre possible de nouvelles formes de masculinités et de sexualités et donc de nouveaux corps et de nouvelles pratiques. Là encore, **le point de rencontre entre ces différentes approches critiques est leur conception anti-naturaliste des genres et le regard politique qu'elles portent sur les effets du système sexe/ genre dominant.**

Avec l'explosion de cursus universitaires dédiés aux *women studies* et aux **études féministes** dans les pays anglo-saxons au cours des années quatre-vingts, avec la diffusion des genres comme catégories d'analyse dans toutes les disciplines et les études culturelles dans les années quatre-vingt-dix, les genres ont fait une entrée fracassante

QUEER !

et fructueuse dans la théorie critique. L'arrivée tardive de la notion de « genre » dans le féminisme français – qui avait refusé d'investir le champ académique –, son enfermement actuel dans une sociologie des normes contribuent à une dévitalisation de son potentiel critique et politique. **L'examen du poids des « normes de genre »**, quand ce n'est pas « du genre », **contraste avec l'intérêt des féministes et des *gender studies* pour ce qui relève des formes de résistance aux genres** et des genres différents ou alternatifs. **Lorsque « genre » renvoie simplement à la différence « homme/femme »** dans l'acception qu'en donnent les institutions internationales qui ont imposé le *gender mainstreaming*[10] ou le féminisme réformiste de l'égalité des droits, le terme redevient synonyme d'« homme » ou de « femme » et **le gain est nul.** Voire, cette acception contribue à la dépolitisation du féminisme et à l'effacement de la diversité des genres. Voilà qui retarde la prise en compte de genres différents avérés mais aussi d'une malléabilité, d'**une plasticité des genres qui concerne et peut intéresser tout le monde et pas simplement les minorités sexuelles et de genre.**

---

10. Le *gender mainsteaming* prône une approche intégrée de l'égalité.

La focalisation sur le sexe et le genre en tant que construction culturelle et sociale amène très souvent à oublier la sexualité. **De l'avis de certaines théoriciennes *queer*, le genre ne doit pas être le seul prisme d'analyse** car il ne permet pas d'aborder les sexualités de manière satisfaisante. En effet, la modification des genres comme source de transformation sociale en éclipse souvent une autre, à savoir l'apparition de nouvelles pratiques sexuelles. C'est le cas des pratiques SM où les genres ne sont pas discriminants. **Or le féminisme a vite abandonné la sexualité pour se consacrer exclusivement à l'oppression de genre (filiation, système de parenté fondé sur la reproduction de l'échange des femmes par exemple) et non aux sexualités dans leur dimension affirmative et non normative.** Les féministes en guerre contre la pornographie, le viol et le SM ont perdu de vue la transformation sexuelle et ont pratiqué un féminisme « monogenré » (axé uniquement sur les femmes).

Dépourvu de son ancrage féministe et minoritaire, de son impact au quotidien, l'outil théorique et politique

YEAH!

des genres sert plus à réifier et à renforcer la vision normative des genres qu'à la remettre en cause. Cela pose la
question des effets de l'institutionnalisation du féminisme
et des études dites « genre » ; des liens entre Université,
mouvement social et subcultures. Question d'autant plus
aiguë en France où la transmission du féminisme n'a pas
vraiment eu lieu.

10
Féministes, jusqu'à quand ?

Comment peut se poursuivre le mouvement des femmes ? Quel avenir pour le féminisme alors que ses progrès peuvent paraître lents ? Alors que ses acquis (droit à l'avortement et à la contraception) sont actuellement remis en cause ? La cause des femmes n'a-t-elle pas pourtant été définitivement adoptée par les instances internationales avec l'ONU et l'Europe qui prônent le *gender mainstreaming* ?

Au XIXe siècle, le féminisme est descendu dans la rue. Meute, foule hystérique pour les uns ; bonheur, fête collective pour les autres. Avec le *gender mainstreaming*, le féminisme prend l'ascenseur et se perche dans les bureaux des organismes internationaux. Il se fait principalement en partenariat avec les pouvoirs publics et

LE GENDER MAINSTREAMING

les États. **En termes de stratégie et d'agenda féministe, c'est le scénario du féminisme de l'égalité des droits qu'il impose au détriment d'autres courants (le féminisme radical ou le féminisme socialiste par exemple)** et au prix d'un sérieux recalibrage des objectifs. Cette redistribution des tâches et de l'agenda va de pair avec des réorientations majeures : une dilution du féminisme dans la lutte généralisée contre les discriminations qui le place, comme d'autres politiques publiques, dans un rôle de protecteur des personnes ; un rétrécissement de son spectre d'intervention qui coïncide désormais avec la lutte pour les droits ; la perte de sa dimension contestataire au profit d'un positionnement réformiste.

Ce scénario favorise **la victimisation** aux dépens des **stratégies d'*empowerment*** et d'un recours aux ressources « microculturelles », en un mot à la culture féministe. Dans la lutte contre les violences faites aux femmes par exemple, l'identification en tant que victime est devenue la condition *sine qua non*, de même que l'intervention de État, des pouvoirs publics, de la société civile et du juridique. **Cette condition de victime implique une intense « psychologisation » qui sert à**

la fois d'analyse et de remède. Les femmes victimes de viol notamment sont décrites comme « dissociées » ou prises d'une « stupeur » qui leur enlève *in fine* toute capacité de réagir ou d'agir.

Alors la question se pose : **Est-ce que la généralisation de cet agenda est un progrès ou une entrave pour le féminisme ?** Quel degré de complicité entretient cette hyper-institutionnalisation du féminisme avec la démocratie néolibérale ? D'autant qu'on a bien compris que si la politique du *gender mainstreaming* rogne le féminisme, c'est aussi parce qu'elle présuppose une définition *a minima* du genre. Le « genre » : tellement plus présentable et moins politique que le mot sale de « féminisme ». Le management du genre à l'instar du management de la diversité a supplanté la pluralité des scénarios féministes et des identités de genre. L'arrivée d'étudiantes dans les cursus universitaires spécialisés « genre », qui ne se considéreraient pour rien au monde comme féministes mais qui veulent faire des carrières de « femmocrates », signale assez ce qui sépare féminisme et *gender mainstreaming*.

MINISTÈRE DES DROITS DE LA FEMME
Liberté • Égalité • Fraternité
RÉPUBLIQUE FRANÇAISE
VOUS ÊTES VICTIME ?
CLIQUEZ VICTIME
A l'occasion de la journée
internationale de la femme...

On peut même se demander dans quelle mesure cette gestion managériale intégrée des genres ne participe pas d'une forme de « postféminisme ». Dans les pays occidentaux, **le postféminisme signe la fin du féminisme.** Parler de postféminisme revient à dire que les revendications des féministes des années soixante-dix et quatre-vingts, et notamment l'égalité, sont acquises pour y substituer une politique pro-femme. *Media-friendly* et différent du *backlash*[11], **le postféminisme préconise le retour à des valeurs féminines traditionnelles dont le féminisme aurait privé ces femmes qui se retrouvent célibataires et en décalage avec leur « horloge biologique ».** Mieux, il est totalement compatible avec une gestion individuelle des problèmes causés par le féminisme grâce au *self-help*, ou au coaching : c'est **le « syndrome Bridget Jones ».** A l'ère postféministe, le mariage et la maternité mais aussi le potin et la domesticité redeviennent les préoccupations principales des « ***desperate housewives*** » et des New-Yorkaises libérées de **Sex and the City.**

––––––––––

11. Le retour de bâton antiféministe que suscitent le succès et la visibilité du féminisme.

LE DÉVELOPPEMENT DU FÉMINISME TRANSNATIONAL EST UNE RÉPONSE CRITIQUE AU FÉMINISME DES ÉTATS-NATIONS dont le *gender mainstreaming* est l'expression. Issu des féminismes des *Women of colour*, des féministes du Tiers-Monde, des féminismes multiculturels et internationaux, il propose une pratique consciente de sa localisation historique, géographique et politique. Ce féminisme aborde la globalisation autrement que ne le font les politiques « féministes » définies et mises en pratique par l'Euro-Amérique, l'Occident ou le Nord. Il veut **résister aux contraintes politiques et intellectuelles que pose le féminisme international actuel**, à sa propension à homogénéiser l'oppression des femmes dans le monde en négligeant les contextes coloniaux et néocoloniaux et à diffuser des représentations des femmes des pays émergents où elles ne sont que des victimes passives. Sous prétexte d'universalisme, le féminisme des États-nations pratique une politique des différences qu'il évalue avec des critères et des cadres de référence externes aux pays concernés. Le féminisme transnational propose des savoirs et des outils pour contrer des logiques et des pratiques de globalisation, lesquelles sont informées par la racialisation et la classe, ainsi que par la manière dont elles redéploient des relations coloniales et néocoloniales de domination et de subordination. **À l'imposition du modèle des droits se substitue un objectif de solidarité transnationale fondée sur des politiques et des agendas collaboratifs.** L'ancrage dans les communautés d'activistes féministes locales doit permettre d'interroger les relations de pouvoir implicites ou explicites au sein de l'action féministe et de rompre avec une connaissance *a priori* de ce qui peut définir le féminisme dans une époque et un contexte donnés.

Dans ses réflexions, ses actions et son agenda, le féminisme transnational conteste donc le rôle de pivot de l'État-nation et le cadre nationaliste des politiques féministes globales actuelles. Il invite à reconsidérer les tensions entre les États et les minorités racialisées, perçues comme des menaces pour l'espace national alors qu'elles proposent de nouvelles formes d'ethnicité. Il permet de décrypter les politiques conjointes de dévoilement et de promotion de la jupe comme symbole de modernité sexuelle en direction des femmes arabes et musulmanes. De combattre le déni du rôle qu'a joué la racialisation dans la formation de l'identité européenne depuis le XVIe siècle. Est-il légitime de

parler de féminisme postcolonial ou de postcolonialisme tout court ? N'est-il pas plus pertinent d'interroger le racisme qui a modelé notre conception eurocentrique des savoirs et de la modernité ? De se demander ce que cache le bouclier de la laïcité brandi par les féministes françaises ? Un « civilisationnisme » ? Une forme de nationalisme sexuel ? Nourri par une islamophobie destinée à promouvoir la pseudo-exemplarité de notre démocratie sexuelle si peu féministe contre les nouveaux « barbares » sexuels ? Parer à l'instrumentalisation étatique et néocoloniale du droit des femmes est l'un des défis majeurs du féminisme actuel.

Épilogue

Vous n'étiez pas féministe. Mais voilà qu'un jour, devant votre télé qui diffusait le « feuilleton DSK » en boucle, suite à une manif ou fatiguée de vous prendre « le plafond de verre », vous l'êtes devenu(e). Félicitations ! Vous avez franchi la première étape : passer outre les stéréotypes dont sont affublées les féministes : « moches », « agressives », « frustrées », « castratrices », « anti-mecs », « mal-baisées », « lesbos », etc. En avant maintenant ! Problème : vous vivez en France, l'un des pays occidentaux le plus viscéralement opposé au féminisme et qui a bien maté sa révolution. Le doux pays de la séduction où le rayon féministe prend moins de cinquante centimètres dans les librairies et les bibliothèques. Pire encore : ce petit livre a l'air de dire que le féminisme officiel se défait tout seul, empêtré dans son universalisme, son essentialisme et sa « blanchitude ». Mais il y a la grande aventure des droits et du féminisme sans frontières ! Sauf qu'elle en est venue à résumer le féminisme et qu'elle devient gênante dans ses visées expansionnistes. Les technocrates du *gender mainstreaming* délocalisent le féminisme. Les amicales officielles du PS (Ni Putes Ni Soumises et « Osez le degré zéro du féminisme ») moulinent le féminisme plan-plan de l'égalité qui a bien d'autres chats à fouetter que l'oppression systémique des femmes et la question de leur *empowerment*. Ajoutez à cela le *fake feminism* (qui met en scène de fausses féministes), une merveilleuse exception française chouchoutée par les médias de qualité (surtout de gauche) et les magazines féminins où se côtoient des pages pour une campagne contre l'excision, un article sur les femmes afghanes et des publicités pour le mascara Dior.

Votre histoire se présente mal. D'autant qu'elle ne vous a pas été transmise. Entre la mythologie universaliste des Lumières et le drôle de postféminisme à la française, c'est le féminisme dans sa créativité et sa radicalité qui est passé à la trappe. **Votre « personnel » est devenu leur politique.**

Votre corps leur appartient. Leur féminisme est bourré d'édulcorants. Interdit de visibilité il y a peu, il a désormais droit de cité puisqu'il est devenu **le féminisme par les nuls** : celui des ministres, des sénateurs, des machos, des femmes et des hommes politiques qui s'émeuvent du non-respect des droits des femmes ailleurs qu'en France surtout. Aussi « monoculturelle » et antiféministe que la société française, l'Université qui bloquait ne s'est pas ouverte : elle a juste changé de stratégie. La dévitalisation du féminisme et sa non-transmission y sont assurées la main sur le cœur par des mandarins qui refusent de co-diriger une collection dans une maison d'édition avec une femme mais fréquentent les plateaux de télévision pour faire la leçon. Une collection féministe : une affaire trop sérieuse pour la laisser à une femme, qui plus est féministe. Mais là, pas d'amende et les grands médias ne sont pas en reste qui préfèrent le prof à la féministe. Alors votre accès à l'espace public…

Alors, sois féministe et tais-toi ? Pas tout à fait. Le démantèlement actuel de la politique et de la culture féministe réussit parce que les féministes sont remplacées par d'autres acteurs pour diffuser un projet expansionniste qui n'a plus grand-chose à voir avec le projet de transformation sociale féministe. Seules les féministes, par de nouvelles formes d'activisme, feront reculer ce « féminisme sans les féministes » qui n'est rien d'autre qu'une politique néolibérale de l'identité femme standardisée. C'est le moment où jamais de renouer avec un féminisme affirmatif, transnational et non conformiste. **Le féminisme n'a jamais été un long fleuve tranquille mais plutôt un road-movie.**

Univers référentiel féministe

Les anonymes du mouvement, la féministe *next door*, les militantes,

Alarcón, Norma
Alexander, M. Jacqui
Anzaldúa, Gloria
Atkinson, Ti-Grace
Bacchetta, Paola
Barrett, Michele
Beauvoir, Simone de
Bitch Manifesto
Brooks, Shiobhan
Burch, Noël
Butler, Josephine
Butler, Judith
Carby, Hazel
Carthonnet, Claire
Chicago, Judy

Clover, Carol
Collin, Françoise
Combahee River Manifesto
Corinne, Tee
Cottingham, Laura
Crenshaw, Kimberlé
Davis, Angela
Dworkin, Andrea
Export, Valie
Faludi, Susan
Fausto-Sterling, Anne Susan
Feinberg, Leslie
Firestone, Shulamith
Fox Keller, Evelyn
Fraisse, Geneviève

Table des matières